# Université de France.

## ACADÉMIE DE STRASBOURG.

## ACTE PUBLIC
# POUR LA LICENCE,

SOUTENU PUBLIQUEMENT

## A LA FACULTÉ DE DROIT DE STRASBOURG,

*Le 24 août 1841, à 4 heures,*

PAR

# FERDINAND SCHNEEGANS,

DE STRASBOURG (BAS-RHIN).



M. RAUTER, doyen de la Faculté.

M. THIERIET, président de la thèse.

Examinateurs. { MM. THIERIET, AUBRY, SCHÜTZENBERGER, } Professeurs.

ESCHBACH, Professeur suppléant.

*Là Faculté n'entend ni approuver ni désapprouver les opinions particulières au candidat.*

## STRASBOURG,

IMPRIMERIE DE G. SILBERMANN, PLACE SAINT-THOMAS, 3.

## 1841.

# A MON PÈRE.

F. SCHNEEGANS.

# JUS ROMANUM.

## DE BENEFICIO INVENTARII.

### PROOEMIUM.

Jure antiquo heredes vel *necessarii* erant, vel *sui et necessarii*, vel *extranei*. Necessarii appellabantur servi eodem testamento manumissi et instituti ; sui et necessarii erant qui, cum sub potestate defuncti fuissent, morte ejus sui juris fiebant et ex testamento vel ab intestato ad hereditatem veniebant. Ceteri omnes extranei vel voluntarii, sive ab intestato, sive ex testamento veniebant. Inter eos autem hoc discrimen videbatur, quod necessariis et suis ipso jure hereditas acquirebatur, sive volebant, sive nolebant, dum extraneis non nisi aditione fiebat, aut pro herede gestione. Omnes autem, acquisita hereditate, in jus universum defuncti succedebant et aeri alieno ejus obnoxii erant, ita ut non solum bona hereditaria iis fierent, sed etiam creditoribus alligarentur, legatariis et fideicommissariis, ultra vires hereditarias. Quare saepius accidebat ut, cum majora essent onera hereditatis quam emolumenta, sua pecunia solvere heredes cogerentur debita et legata.

Quod incommodum impediturus praetor succurrit heredibus : Necessariis separationem impetrare dedit, qua quidquid post mortem testatoris sibi acquisivissent, separabatur a bonis hereditariis, et si quid eis a testatore deberetur, nec ultra vires hereditarias tenebantur (l. 1. § 18. D. de separat.). Hanc autem facultatem non habebant, cum se immiscuissent hereditati, aut aliquid ex bonis attigissent. — Suis et necessariis heredibus beneficium abstinendi dabatur ex

edicto, id est facultas qua ab hereditate poterant abstinere; qua
cum uterentur, exceptionem adipiscebantur ad repellendam actionem creditoribus datam ex jure civili, et contra derelinquebant
hereditatem. Præstabat autem prætor hoc beneficium tum modo,
si heres se non immiscuisset; minori tamen restitutio in integrum
permittebatur contra immixtionem suam : Servo nunquam concede-
batur, qui se immiscuisset, etsi impuber erat (L. 57. D. de acq. vel
omitt. hered.).

Extranei denique heredes hereditatem repudiare vel omittere poterant. Quæ facultas ut inutilis non esset, tempus deliberandi de
adeunda repudiandave hereditate testator interdum præbebat, cum
*cretione* eos instituens. Et etiam prætor jus deliberandi permisit iis,
et jus civile sanxit, ita ut, si creditor, aliusve actionem intendisset,
spatium deliberandi petere liceret a prætore vel principe, quod non
minus quam centum dierum permittebatur (L. 2. D. de jur. del.); quo
spatio et heredes heredis uti poterant, qui inter id decessisset (L. 19.
C. eod. tit.). Et idem jus prætor dabat suis heredibus qui potestate abstinendi usi essent (L. 8. D. eod. tit.). Sed si heres adiisset
vel sese immiscuisset, postea relinquendæ hereditatis facultatem non
habebat; nec unquam adire poterat ea conditione: *Si solvendo hereditas sit.* Solis minoribus viginti quinque annis prætor succurrebat
restitutione in integrum. Ceteri semel heredes, semper heredes, et
cum defuncto pro una persona habebantur, ita ut, quantacunque
essent onera hereditatis, omnia solvere deberent et ultra vires hereditarias tenerentur.

Hæc erant præcepta juris antiqui. Triplex autem eorum incommodum: Cum enim, acquisita hereditate, aeri alieno omnimodo
obnoxius esset heres, sæpius repudiabat, et defunctus contumelia
afficiebatur hereditatis a nemine acceptæ atque bonorum suo nomine
venditorum. Si vero heres adiisset vel pro herede gessisset, suis
ipsius bonis tenebatur et ultra vires hereditarias, cum forsan debita
ignorasset vel temere damnosam hereditatem suscepisset, quod

plerumque injustum. Quamobrem, metu captus ne onerosam inveniret hereditatem latentibus oneribus, repudiabat interdum optimam divitissimamque et magna bona amittebat.

Talis legum status, progresso humano civilique cultu, barbarus videretur necesse fuit, et contrarius lenioribus moribus; inde successim mutationes et emendationes ab imperatoribus factæ sunt : Et primus Pius Hadrianus speciali privilegio in integrum restituit majorem viginti quinque annis, cum post aditam hereditatem magnum æs alienum quod aditæ hereditatis tempore latuerat, emersisset. Et postea Gordianus omnibus militibus beneficium hoc concessit, ea ratione quod milites arma magis quam jura scirent, vel, ut ait Tacitus, plura manu agentes, calliditatem fori non exercerent. Justiniani autem ætate Christiana doctrina maxime vulgata erat, et jam multa juris præcepta mitigandi atque æquitati conformandi causa fuerat; quam Cæsar ille juris civilis conversionem, ut ita dicam, perfecit.

Repetivit igitur Imperator, cum alia hac mente concepta constituisset, ut milites, etsi recta via hereditatem adiissent, in tantum modo tenerentur, quantum in ea invenissent, nulla conditione adjecta (L. 22. pr. C. de jur. del.). Et humanum esse apparuit, hujusmodi beneficium ad omnes extendere heredes, constitutione tam æquissima quam nobilissima; cujus tenorem si observarint, licet iis adire hereditatem et in tantum teneri quantum valere bona hereditatis contingit, scilicet inventario confecto. Qua constitutione efficitur ut heres statim possit adire, sive ex testamento sive ab intestato sit delata, sive ex asse sive ex parte hereditas, licet dubium sit utrum onerosa an non, cum non nisi in tantum teneatur creditoribus, quanti res valeant. Et ita omnium conjunxit commoda, quia hoc interest defunctorum ut habeant successores, interest viventium ut sine periculo ullo adire possint, nec fortasse, metu pulsi ne improvisum debitum existat, hereditatem amittant, quæ postea locuples esse inveniatur. Potest igitur heres voluntarius vel suus tuto adire vel se immiscere, dummodo inventarium faciat ex constitutione Justiniani.

## PARS PRIMA.

### QUIBUS CONDITIONIBUS HERES HOC BENEFICIO UTI POSSIT.

Beneficio inventarii usurus heres hæc observari curet:

Intra triginta dies post apertas tabulas, vel postquam nota fuerit ei apertura tabularum, vel delatam sibi ab intestato hereditatem cognoverit, incipiat inventarium rerum omnium quæ in hereditate sint, et intra alios sexaginta dies perficiat; sin longius absit ab iis locis, ubi res hereditariæ vel maxima earum pars inveniatur, intra annum implendum est, a morte tamen defuncti numerandum, nec ab apertis tabulis. Tunc etiam instructum procuratorem ad conscribendum inventarium in ea loca, ubi res positæ sunt, mittere licet.

Inventarium autem non nisi rite legitimeque factum valet, id est modis omnibus qui ad hujusmodi actum necessarii sunt. Itaque convocari opportet creditores, legatarios et fideicommissarios in eadem civitate præsentes, aut quosdam pro iis agentes, et convenire, nisi qua legitima ratio impediat, ut personarum natura aut dignitas, aut ætas, aut quælibet necessitas (Nov. 1. c. II. § 1). Si vero absint, testes vocandi sunt, non minus tres, fide digni, coram quibus inventarium fieri debet; at item, cum præsentes omnes legatarii aliive, præmissa contestatione, adesse nolint inventario, licet heredi testibus advocatis descriptionem facere. Omnimodo autem necesse est tabularium adesse et heredem subscriptionem adjicere significantem *et quantitatem rerum et quod nulla malignitate circa eas ab eo facta vel facienda res apud eum remaneant* (L. 22. § 2. C. de jur. del.); si vero scribere nequeat, sive litterarum ignarus sit, sive alia causa impeditus, apponat modo *venerabile signum crucis*, et alterum tabularium specialiter ad id vocatum pro se subscribere jubeat.

Puto tamen non dubitandum quin heres, referendo sese ad testatoris designationem jurejurando confirmatam, item fruatur inventarii beneficio, quippe qui majorem esse substantiam approbare non admittatur quam in tali bonorum descriptione notam, et, cum agnoscere recuset hanc, amittat jus heredis (Nov. 48. c. I pr. et § 1).

## PARS ALTERA.

### DE INVENTARII COMMODIS.

1° Spatium inventarii conficiendi ipso jure heredibus pro deliberatione concessum censetur, ut a creditoribus aliisve intra hoc in jus vocari non possint, ne hypothecaria quidem actione, et agentem repellant exceptione : *Sum intra tempus inventarii conficiendi;* atque ex altera parte omnium actionum præscriptiones dormiunt. Cum autem inventarium rite non fecerit heres, vel adierit immiscueritve se, et tempus datum ad conficiendum effluxerit, tenetur in solidum creditoribus et legatariis, amisso legis beneficio *quam contemnendam censuerit.*

2° Confecto inventario lucrari modo, nec onerari heres potest. Itaque succedit defuncto in omnia commoda, cum creditoribus non nisi in tantum obnoxius sit quanti hereditas inveniatur. Nam hic est inventarii effectus, ut separatum heredis patrimonium maneat a defuncti bonis, nec cum his confundatur. Unde hæc consequuntur :

*a.* Creditoribus et legatariis non ultra vires hereditarias tenetur heres, et satisfacere potest eos quo ordine occurrunt, ita ut primis venientibus primis solvat credita vel legata, et, si nihil reliquum sit ex hereditate, ceteros repellat. Repulsi creditores, omnibus hereditatis rebus exhaustis, in heredem nullam habent actionem, nec in creditores qui ab eo comparaverint res; sed a legatariis quod sibi debitum sit repetendi licentiam habent, ut quæ hi acceperint recuperent, vel hypothecaria actione vel condictione indebiti ( L. ult. § 5. C. de jur. del.); et hoc justum est : certant enim creditores pro damno vitando , legatarii pro lucro captando. Et item licet creditoribus qui ex anteriore hypotheca veniant, eos qui, posteriorem habentes hypothecam vel nullam, aliquid bonorum ex hereditate in solutum acceperint, vel quibus per donationem pecuniarum satisfactum sit, vel per hypothecam , vel per condictionem ex lege convenire. Chirographariis autem creditoribus, exhaustis viribus hereditatis, nullus recursus datur, nisi in legatarios. Contra ipsum heredem et eum qui bona detineat hereditatis , ad solvenda debita vel legata vendita, nulli datur actio, cum quantitas rerum expensa sit; nam ex sua substantia heres nihil amittere debet.

*b.* Si heres defuncti creditor erat, jus suum in bona hereditatis servat, quia debita hereditaria heredis personæ non incumbunt qui ipse debitor non fit, et ita confusioni locus non est. Potest igitur solvere sibi credita ex hereditatis rebus, salva tamen ex anteriore hypotheca creditorum actione in eum , ut creditorem, non ut heredem. Sed et contra quæ debuit defuncto debere pergit hereditati , id est creditoribus et legatariis.

*c.* Heres excipere potest et retinere quidquid in necessitatem hereditatis exsolverit, ut in funus, in testamenti insinuátionem , vel in inventarii confectionem atque in alias causas quæ ex translatione hereditatis nascuntur. Heredi autem incumbit onus probandi se in hujusmodi causam expendisse quod vult prælevare.

3° Nec prætereundum est, heredi non nisi inventario confecto quartæ Falcidiæ vel Trebellianæ legatariis fideicommissariisve deducendæ jus servari. Ita dum creditoribus tenetur in tantum quanti res hereditariæ valent, legatariis fideicommissariisque quartam retinere potest, nisi expressim testator designaverit : se *non velle heredem retinere Falcidiam* ( L, 22. § 4. C. de jur. del., Nov. 1. c. II. § 2).

4° Si vero heres quid ex hereditate surripuerit, vel celaverit, vel amovendum curaverit, pœna afficiendus est in duplum restituendi; Et quidem creditoribus aliisque, quorum interest, licentia præbetur, majorem esse hereditatem quam in inventario scriptam omnibus legitimis modis probandi, ut quæstione servorum hereditariorum, vel jurejurando heredis, si aliæ probationes desint. Heres contra nihil surreptum probare potest et suo sacramento, et testium inventarii, affirmantium : *sese et affuisse iis quæ gesta sunt, et vidisse quæ tunc agebantur, et in nullo conscios esse factæ ab herede malignitatis* (L. ult. § 10. C. de jur. del., Nov. 1. c. II. § 1).

APPENDIX DE JURE DELIBERANDI SERVATO.

Cum ex constitutione Justiniani heres sine ullo periculo adire possit, supervacua penitus est deliberatio, *nisi hominibus formidolosis, qui et ea timent, quæ nulla digna sunt suspicione.* Attamen imperator tollendam eam non putavit, cum quidam vana formidine tempus peterent quo hereditatem sibi delatam cernere possent — *ne quis eum putaverit antiquitatis penitus esse contemptorem.* Et forsitan latens causa fuit cur jus deliberandi non relinqueret; id enim incommodum inventario semper inhæret, ut detegantur defuncti facultates, quod plerisque minime gratum. Itaque si qui eorum, quorum interest, urgent, hæc optio datur heredi, qui beneficio inventarii usus non sit, ut aut statim respondeat heres an non esse velit, aut tempus ad deliberandum petat. Sed amplius novem menses a prætore dari vetuit Justinianus, vel unum annum a Principe; atque semel nec sæpius deliberationem peti concessit, cum olim sæpius de justa causa licuisset ex edicto (L. 3 et 4. D. de jur. del. L. 22. § 13. C. eod. tit.).

Qui autem deliberandi spatium petierit, beneficio inventarii uti non potest, quia electio datur inter *geminos tramites,* vel Justiniani constitutionis beneficio perfruendi, vel, si eam aspernandam censuerit, ad deliberationis consilium convolandi ut ejus habeat effectum. Quare jus deliberandi petentibus hæc onera imposuit, tanquam pœnam contempti beneficii sui (*et sibi imputet, qui pro novo beneficio vetus elegerit gravamen.* — L. ult. § 14. C. eod. tit.), ut, si adiissent vel pro herede gessissent, vel se immiscuissent, creditoribus legatariisque in solidum tenerentur, quamvis inventarium maxima subtilitate fecissent, Falcidiæ vero legis et senatus-consulti Pegasiani beneficio uti possent; sin ne inventarium quidem conscripsissent, etiam legata integra solvenda iis essent, quarta amissa. E contrario si intra spatium deliberandi nec adierint nec repudiaverint, et creditor, legatarius, fideicommissarius, substitus, eorumve quis qui ab intestato venire possunt, instet, silentium deliberantium aditionis aut repudiationis loco habetur, pro utilitate instantis. Et si heres repudiavit vel pro repudiante habetur ex silentio suo, res hereditariæ creditoribus iisve, ad quos pertinebit hereditas, restituendæ sunt, aut ex inventario, si quid est conscriptum, aut, nullo condito inventario, ex accipientium sacramento, taxatione scilicet a judice adjecta (C. l. cit).

# DROIT CIVIL FRANÇAIS.

DU BÉNÉFICE D'INVENTAIRE ET DES SUCCESSIONS VACANTES.

## PREMIÈRE PARTIE.

### DU BÉNÉFICE D'INVENTAIRE.

### INTRODUCTION.

Le bénéfice d'inventaire passa avec le Droit romain dans les pays de Droit écrit.

Tout romain d'origine, il n'était pas, dans les pays coutumiers, considéré comme de droit, ni comme accordé par la loi ; cependant on l'y obtenait à titre de concession au moyen de *lettres royaux ou de chancellerie*. Les docteurs avaient imaginé de dire, que dans les pays de Droit écrit c'était l'Empereur qui autorisait, et que dans ceux de Droit coutumier c'était le Roi. Il n'y avait que quelques provinces où le bénéfice d'inventaire fût devenu règle générale ; et où l'on en jouît indépendamment de tout acte du prince, pourvu qu'on eût dressé un bon et loyal inventaire, en y ajoutant la déclaration expresse qu'on entendait se porter héritier bénéficiaire ; de ce nombre étaient par exemple le Berry, la Bourgogne, la Bretagne (jusqu'à l'arrêt du conseil du 15 juin 1705, qui y exigea l'obtention de lettres de chancellerie) , et la Lorraine (jusqu'à l'édit du mois de juin 1770).

D'ailleurs le bénéfice d'inventaire ne jouissait pas , dans les coutumes , d'une grande faveur. Il n'y était admis qu'à charge par l'héritier de fournir une caution comme garantie d'une bonne et fidèle administration ; et d'un autre côté, en ligne collatérale , le parent majeur qui acceptait purement et simplement excluait les parents plus proches qui ne voulaient se porter qu'héritiers bénéficiaires, L'ordonnance du Roussillon, rendue par Charles IX , au mois de janvier 1563, refusait même ce bénéfice aux héritiers des comptables royaux , vis-à-vis du roi.

Ces principes , on le voit , étaient loin encore de l'équité de la constitution de Justinien ; le Code romain avait su concilier tous les intérêts par une transaction aussi juste que rationnelle. Au moyen du bénéfice d'inventaire le défunt était à peu près sûr d'avoir un héritier , et l'héritier ne se trouvait plus placé entre la crainte d'une ruine totale par une acceptation hasardée et la certitude d'un dépouillement absolu par une renonciation méticuleuse. Les coutumes au contraire , par une sollicitude exagérée pour la mémoire du défunt , exposaient l'héritier bénéficiaire à se voir échapper la succession par l'acceptation pure et simple d'un parent plus éloigné ; peut-être aussi , en entourant ce bénéfice d'une espèce de réprobation tacite, avaient-elles en vue l'intérêt des créanciers et des légataires.

Quoi qu'il en soit , elles exigeaient, comme condition *sine qua non ,* que l'héritier , pour jouir du bénéfice d'inventaire , eût obtenu des lettres de chancellerie et les eût fait entériner par le juge du lieu où la succession s'était ouverte. Le pouvoir royal , en lutte avec les franchises des provinces de Droit écrit , tenta même d'étendre cette formalité à la France entière. Différents édits burseaux firent défense *à tous juges , même à ceux de Droit écrit , de recevoir aucune personne à accepter une succession sous bénéfice d'inventaire , qu'elle n'eût obtenu des lettres à cet effet.* Mais ces édits n'étaient pas observés ; les juges et les parlements des pays de Droit écrit refusaient, pour la plupart, de s'y conformer et suivaient toujours les principes du Droit romain. Il paraît que cette lutte continua jusqu'à ce que fût rendue la loi du 7 septembre 1790 , qui supprima les chancelleries et l'usage des lettres royales, en renvoyant du reste, pour le bénéfice d'inventaire, *aux lois de chaque lieu, autres que celles qui requéraient à cet effet des lettres royaux* (art. 20 et 21).

Le Code civil consacra à peu près les principes du Droit romain, en introduisant toutefois quelques formalités nouvelles à l'effet de garantir les intérêts des créanciers contre le dol et la mauvaise foi. Telles sont par exemple la déclaration à faire au greffe et les formes prescrites pour la vente des biens héréditaires.

## CHAPITRE PREMIER.

QUELLES SONT LES PERSONNES QUI PEUVENT OU QUI DOIVENT ACCEPTER SOUS BÉNÉFICE D'INVENTAIRE.

Le Droit français ne distingue pas entre des héritiers nécessaires et volontaires; nul n'est forcé d'accepter une succession malgré lui : *N'est héritier qui ne veut.* Mais une fois acceptée, la succession se confond avec le patrimoine de l'héritier qui est censé ne faire qu'une seule et même personne avec le défunt ; il est donc tenu de toutes les dettes et charges de l'hérédité, personnellement et *ultra vires hereditarias.* Pour éviter les dangers qui découlent ainsi d'une acceptation pure et simple, sans être obligé de renoncer aux bénéfices éventuels que la succession peut lui procurer, l'héritier doit avoir recours au bénéfice d'inventaire, *en vertu duquel il peut empêcher, dans son intérêt, la confusion de l'hérédité avec son propre patrimoine.*

Ce bénéfice ayant pour effet d'empêcher la confusion des patri-

s            2.

moines, n'est introduit que pour les héritiers qui représentent le défunt. Il faut, pour pouvoir accepter sous bénéfice d'inventaire, être appelé à une succession actuellement ouverte; personne ne peut accepter ni répudier une succession future. En règle générale, ce ne sont donc que les héritiers légitimes qui aient besoin de recourir à ce bénéfice; car, en Droit français, la loi seule fait l'héritier et l'on ne peut, par un testament, se donner qu'un légataire. Cependant il est un cas où le légataire universel et le donataire universel de biens à venir ou présents et à venir, jouissant de la saisine, deviennent réellement les représentants du défunt, et par conséquent de véritables héritiers; c'est quand il n'y a pas d'héritiers à réserve (art. 1006); aussi peuvent-ils alors accepter sous bénéfice d'inventaire. Hors ce cas, les légataires et les institués contractuellement, de même que les successeurs irréguliers, simplement soumis à la maxime : *Bona non intelliguntur nisi deducto ære alieno,* ne sont jamais tenus *ultra vires portionis suæ ;* ils ne sont obligés qu'à raison de la détention des biens, car ils ne représentent pas le défunt. Ils n'ont donc pas besoin d'accepter sous bénéfice d'inventaire; mais un inventaire leur sera toujours utile pour prouver la consistance des biens qu'ils ont reçus.

Les personnes frappées de quelque incapacité civile ont besoin, pour accepter une succession, d'observer les règles et formalités prescrites pour les actes de disposition (art. 776 cbn. 461 et 484, al. 1).

L'acceptation sous bénéfice d'inventaire, facultative en règle générale, est obligatoire en certains cas. Cela a lieu pour les successions échues à des mineurs, émancipés ou non, ou à des interdits (art. 776, al. 2, cbn. 461, 484 et 509). De même, les héritiers d'une personne qui est morte avant d'avoir accepté ou répudié une succession à elle échue, doivent accepter cette dernière sous bénéfice d'inventaire, s'ils ne sont pas tous d'accord pour l'accepter ou pour la répudier (art. 782).

Une question qui divise les auteurs est celle de savoir, si un testateur peut interdire à son héritier la faculté d'accepter sous bénéfice d'inventaire. L'ancienne jurisprudence la résolvait négativement, par application du principe qui a passé dans l'art. 900 de notre Code. Mais je ne vois dans une pareille défense rien de contraire aux lois ni aux bonnes mœurs. Le mode d'acceptation est une chose de pure faculté pour l'héritier ; il n'intéresse en rien l'ordre public. Dès lors, pourquoi ne pourrait-on pas, en instituant un légataire universel (dans le cas de l'art. 1006), lui faire la condition qu'il n'usera pas du bénéfice d'inventaire, mais qu'il paiera toutès les dettes et charges de l'hérédité, même *ultra vires hereditarias ?* Ce n'est que sous cette condition que le testateur le préfère à son héritier naturel ou à la personne qu'il lui substitue, et ce n'est donc que sous cette condition que l'institué peut recueillir la succession. Si c'est l'héritier légitime qui est institué sous cette condition, il faut, pour qu'elle produise son effet, que le testateur lui ait substitué un légataire universel pour le cas où il ne s'y soumettrait pas ; autrement il prendrait comme héritier *ab intestat* la succession qu'il ne pourrait recueillir comme héritier testamentaire ; car une exhérédation directe, sans institution d'héritier, ne saurait plus valoir aujourd'hui. Il faut dire aussi qu'une pareille condition ne vaut que pour la quotité disponible et à l'encontre seulement d'un héritier non réservataire ; l'héritier à réserve ne pouvant jamais être dépouillé de sa qualité d'héritier, on peut tout au plus lui imposer des legs jusqu'à concurrence de la quotité disponible, pour le cas où il accepterait sous bénéfice d'inventaire. Du reste les créanciers ne sauraient jamais se prévaloir de la clause qui nous occupe, mais seulement les personnes substituées à l'héritier, car ce n'est qu'une condition de l'institution d'héritier. Il suit encore de là qu'elle serait nulle à l'égard d'un mineur ou d'un interdit, comme condition impossible, ces personnes ne pouvant accepter que sous bénéfice d'inventaire.

L'héritier qui, expressément ou tacitement, a accepté purement et simplement, ne peut plus recourir au bénéfice d'inventaire ; il n'est plus admis à rétracter son acceptation pure et simple , si ce n'est pour cause de violence, de dol, ou de lésion par suite de la découverte d'un testament inconnu au moment de l'acceptation et réduisant son émolument de plus de moitié (art. 783) ; s'il a fait annuler son acceptation par un de ces motifs , il peut encore accepter sous bénéfice d'inventaire. Le successible perd également la faculté d'accepter sous bénéfice d'inventaire , s'il a renoncé à la succession , et qu'un autre l'ait acceptée à son défaut, ou qu'il se soit écoulé trente ans depuis l'ouverture de la succession (art. 790). Mais tant qu'il n'a ni accepté ni renoncé, il conserve pendant trente ans, à dater de la même époque , le choix entre l'acceptation pure et simple , l'acceptation sous bénéfice d'inventaire et la renonciation. Passé ce délai , il demeure irrévocablement héritier pur et simple, en vertu du principe de la saisine (art. 789).

Du reste , le droit d'accepter sous bénéfice d'inventaire appartient individuellement à chaque héritier ; il peut en user, lors même que ses cohéritiers accepteraient purement et simplement , et sans qu'il soit exclu par ces derniers , même en ligne collatérale.


## CHAPITRE II.

### DES CONDITIONS ET FORMALITÉS REQUISES POUR L'ACCEPTATION D'UNE SUCCESSION SOUS BÉNÉFICE D'INVENTAIRE.

En accordant à l'héritier les avantages attachés au bénéfice d'inventaire, la loi a dû lui prescrire certaines conditions et formalités pour garantir les intérêts des créanciers et leur assurer le gage de leurs droits : s'il est juste qu'ils ne profitent pas de la transmission de l'hérédité de leur débiteur, il ne faut pas non plus que leurs intérêts soient sacrifiés en faveur de l'héritier. De là les mesures que je vais examiner.

L'acceptation d'une succession peut, en général, être expresse ou tacite. Mais l'acceptation sous bénéfice d'inventaire ne peut avoir lieu qu'au moyen d'une déclaration expresse au greffe du tribunal de première instance du lieu où la succession s'est ouverte; cette déclaration doit être inscrite sur le registre destiné à recevoir les actes de renonciation ( art. 793 ). L'héritier bénéficiaire doit de plus dresser un inventaire fidèle et exact des biens de la succession (art. 794); mais il est indifférent que l'inventaire soit fait avant ou après la déclaration au greffe: l'art. 794 veut que la déclaration au greffe soit *précédée ou suivie* de l'inventaire.

Les formes de cet inventaire sont tracées dans le Code de procédure civile. Il est fait par acte notarié, en présence des personnes désignées dans l'art. 942 de ce Code, ou elles dûment appelées. Il doit contenir les désignations de l'art. 943; remarquons principalement la description et estimation des effets à juste valeur et la déclaration des titres actifs et passifs. L'héritier doit également y déclarer les dettes actives et passives dont il a connaissance, sans qu'il s'en trouve aucun titre dans les papiers du défunt. Il doit apporter à la confection de cet acte les plus grands soins et la plus grande bonne foi. S'il s'élève des contestations, elles sont jugées en référé par le président du tribunal civil de première instance ( art. 944 ).

En résumé on peut dire que l'inventaire doit être régulier en la forme, fidèle et exact au fond. Si l'héritier omettait, sciemment et de mauvaise foi, d'y comprendre des effets de la succession, ou s'il se rendait coupable de divertissement ou de recélé, il deviendrait héritier pur et simple ( art. 801 C. c. ); et dans ce dernier cas il perdrait même tous ses droits sur les objets divertis ou recélés ( art. 792 ). L'héritier serait pareillement déchu du bénéfice d'inventaire, si l'inventaire n'était pas fait dans les formes prescrites par le Code de procédure ( art. 794 C. c. ). Toutefois, si une irrégularité de peu d'importance et non imputable à l'héritier, dont la bonne foi serait hors de doute, ne portait préjudice à personne, elle ne devrait pas être considérée comme viciant l'inventaire. En effet, la fidélité et l'exactitude quant au fond, importent beaucoup plus aux parties intéressées que l'accomplissement littéral des formes, et cependant, d'après l'art. 801, le défaut d'exactitude ne nuit à l'héritier qu'autant qu'il y a mauvaise foi de sa part.

L'inventaire n'a besoin d'être précédé de l'apposition des scellés que s'il y a des héritiers absents, mineurs ou interdits (art. 819). Encore dans ce cas, le défaut ou le retard d'accomplissement de cette formalité n'entraînerait pas nécessairement déchéance du bénéfice d'inventaire; il pourrait seulement fournir une présomption de mauvaise foi, d'inexactitude ou de recélé.

Il faut remarquer que l'art. 794 exige un inventaire des biens de la *succession*. Cet inventaire doit donc être fait après l'ouverture de la succession; l'héritier ne pourrait pas se contenter de se référer à un acte de ce genre fait antérieurement.

S'il ne se trouve pas dans la succession de biens à inventorier, on le constate par un procès-verbal de carance.

La loi donne à l'héritier un délai de trois mois pour faire inventaire, et de plus quarante jours pour délibérer sur son acceptation ou sa répudiation. Le premier de ces délais commence du jour de l'ouverture de la succession (art. 174 C. pr.), le second du jour de l'expiration des trois mois ou de la clôture de l'inventaire, s'il a été terminé avant. Si le successible meurt dans ces délais sans avoir fait son option, ses héritiers en jouissent également (art. 781); mais comme ils ne peuvent accepter la succession échue à leur auteur qu'en acceptant celle de ce dernier, il faut leur accorder d'abord trois mois et quarante jours pour délibérer sur cette dernière acceptation; pendant ce temps les délais relatifs à la première succession sont donc suspendus, ils ne recommencent à courir qu'après l'expiration de ces trois mois et quarante jours.

Il semble résulter de la disposition de l'art. 795 que l'inventaire doit nécessairement être fait dans les délais ainsi fixés , sous peine de déchéance. Il n'en est cependant pas ainsi : L'héritier peut pendant trente ans accepter sous bénéfice d'inventaire ; il peut donc pendant trente ans faire inventaire et délibérer. Pendant les délais ci-dessus il ne peut pas être contraint à prendre qualité ; il repousserait les actions dirigées contre lui , par l'exception dilatoire d'inventaire et de délibérer ; en d'autres termes , tant que ces délais courent , il ne peut être obtenu contre lui aucun jugement de condamnaton ( art. 797). Mais les créanciers peuvent faire des actes conservatoires et intenter leurs actions, pour en empêcher la prescription qui n'est pas suspendue pendant ces délais ( art. 2259) ; de même les légataires à titre particulier ont intérêt à former leurs demandes en délivrance le plus tôt possible, puisque ce n'est que du jour de ces demandes qu'ils ont droit aux fruits et aux intérêts ( art. 1014 ). Mais ces actions une fois liées doivent rester en suspens jusqu'à l'expiration des délais pour faire inventaire et délibérer. D'un autre coté les frais de ces instances ne sauraient être mis à la charge de l'héritier ; c'est la succession qui les supporte (art. 797).

Après l'expiration des délais l'héritier conserve bien le droit de faire inventaire et de délibérer ; mais s'il est actionné par un créancier ou un légataire, il est obligé de déclarer s'il entend se porter héritier ou non, et les frais restent à sa charge personnelle.

Cependant les délais de l'art. 795 peuvent , à raison de circonstances particulières, n'être point suffisants. Dans ce cas l'héritier en obtient la prorogation du tribunal saisi de la contestation et peut même se décharger des frais , en prouvant qu'il n'a pas eu connaissance du décès de son auteur, ou que les délais ont été insuffisants, soit à raison de la situation des biens ; soit à raison des contestations survenues (art. 799). Si le nouveau délai a été accordé pour tout autre motif, l'héritier reste tenu des frais.

Tant que l'héritier n'a pas été actionné, il peut toujours (pendant trente ans) faire inventaire et se porter héritier bénéficiaire, pourvu qu'il n'ait pas fait acte d'héritier (art. 8oo). Il serait donc déchu de cette faculté, s'il avait fait un acte qui supposât nécessairement son intention d'accepter purement et simplement, et qu'il n'eût pu faire qu'en qualité d'héritier pur et simple (art. 778). Les simples actes conservatoires, de surveillance ou d'administration provisoire ne rentrent pas dans cette catégorie; l'héritier présomptif a le droit de les faire. Il peut même, pendant les délais pour faire inventaire et délibérer, faire vendre, en sa seule qualité d'habile à succéder, les objets qui sont susceptibles de dépérir ou dispendieux à conserver; il faut seulement qu'il se fasse autoriser à cet effet par le président du tribunal de première instance et qu'il procède à cette vente par le ministère d'un officier public et après les affiches et publications prescrites pour la vente du mobilier par le Code de procédure, au titre des saisies-exécutions (art. 796 C. c.). S'il négligeait ces formalités, il demeurerait irrévocablement héritier pur et simple.

Les art. 8oo du Code civil et 174 du Code de procédure le déclarent pareillement déchu de la faculté de se porter héritier bénéficiaire ou de renoncer, s'il existe contre lui un jugement passé en force de chose jugée qui le condamne comme héritier pur et simple. Cette disposition a donné lieu à une grave controverse. Trois opinions se sont formées : les uns prétendent qu'elle est générale et qu'un jugement réunissant ces caractères rend le successible héritier pur et simple envers tous les créanciers et légataires ; d'autres ne lui attribuent cet effet que si la qualité d'héritier a fait l'objet principal et direct de la contestation ; d'autres enfin ne regardent cette disposition que comme une application du principe général sur l'autorité de la chose jugée, en restreignant les effets du jugement entre les parties qui y figurent. Cette dernière opinion me paraît la plus rationnelle et la plus conforme à l'intention du législateur. En effet, l'art. 1351 sanctionne la maxime du Droit romain : *Res inter alios judicata aliis nec nocet nec prodest;* les jugements n'ont donc l'autorité de la chose jugée qu'entre les parties qui y figurent. L'art. 8oo

n'entend nullement faire exception à ce principe, il ne fait que se référer à l'art. 1351 qui doit servir à l'interpréter. On ne saurait assi-
miler l'existence d'un jugement à un acte d'héritier ; ce dernier est
une acceptation tacite, libre et volontaire, de la part du successible,
tandis qu'un jugement est rendu malgré lui, contre son opposition
et ses protestations formelles ; et s'il est juste que l'héritier soit lié
envers tous par son propre fait, il serait inique qu'un jugement
rendu sur des motifs erronés produisît le même effet. Il faut son-
ger qu'une décision rendue en dernier ressort par un juge de paix,
pour un objet d'une valeur minime, un jugement rendu sommaire-
ment et sans instruction, peut-être par défaut ou à l'insu du successible, rendrait ce dernier héritier pur et simple envers tous les
créanciers de la succession et consommerait peut-être sa ruine ! Ne
vaut-il pas bien mieux que chaque créancier soit obligé de prouver
l'acceptation qui sert de fondement au jugement obtenu par un
autre? Ou l'héritier a fait réellement acte d'héritier pur et simple,
ou il ne l'a pas fait ; dans le premier cas, que le créancier le prouve,
il a pour lui une forte présomption résultant du premier jugement ;
et d'ailleurs il n'est guère à penser que l'héritier, une fois con-
damné, soit tenté d'élever une contestation mal fondée. Dans le second cas au contraire, si le premier jugement s'est trompé, serait-il
équitable que le successible souffrît de cette erreur d'une manière
illimitée? — On objecte que la qualité d'héritier pur et simple est
indivisible : Mais rien n'est plus divisible que les obligations qui en
dérivent. Et pourquoi l'héritier ne pourrait-il pas être obligé à payer
la créance de *Primus*, sans être tenu de payer celle de *Secundus?*
Pourquoi le successible ne pourrait-il pas être héritier pur et simple
à l'encontre de Paul, héritier bénéficiaire envers Pierre? Papinien
déclarait bien obligatoires deux jugements dont l'un annulait un
testament envers l'un des héritiers institués, et dont l'autre le main-
tenait envers un second (L. 15. *D. de inôff. test.*) ; et la loi *ultima*
au *Digeste, de interrog. in jure faciend.* nous présente un cas où le

s                                                                    3.

successible n'était même pas lié envers tous les créanciers par sa déclaration expresse qu'il se portait héritier. Des exemples plus frap-
pants encore de cette prétendue anomalie se trouvent dans notre
droit actuel. C'est ainsi qu'un enfant peut être déclaré légitime envers telle personne, même sa mère, sans qu'il puisse invoquer cette
décision contre d'autres personnes, pas même contre le mari de sa
mère! et l'art. 100 du Code civil peut donner lieu encore à une
semblable division d'une qualité qui paraît indivisible de sa nature.

Quant à l'intention du législateur, elle résulte assez clairement de
la discussion au conseil d'État : La section de législation, embrassant
l'avis de Pothier, avait proposé un article ainsi conçu : « *Celui contre
lequel un créancier de la succession a obtenu un jugement, même contradictoire, passé en force de chose jugée, qui le condamne comme héritier,
n'est réputé héritier en vertu de ce jugement qu'à l'égard seulement du
créancier qui l'a obtenu.* » Or, il résulte de la discussion qui eut lieu
à la séance du conseil d'État du 9 nivôse an XI et des termes mêmes
du procès-verbal, que cet article fut *retranché* comme *inutile* en présence du principe de l'art. 1351, et non pas *rejeté* comme *mauvais*.
Quoi qu'il en soit, il peut toujours servir à interpréter le sens de
l'art. 800, qui fut adopté tel qu'il avait été rédigé par la section de
législation. Est-il à supposer que cette section ait voulu proposer
deux dispositions contradictoires entre elles ?

Il est donc évident que la disposition de l'art. 800, que nous dis-
cutons, doit être interprétée à l'aide de l'art. 1351, dont elle n'est
qu'une application. Dira-t-on que dans ce sens elle est inutile ? Mais
est-ce le seul exemple où la loi pose en termes exprès une conséquence d'un de ses principes généraux ? La disposition précédente
du même article ne présente-t-elle pas aussi un pareil exemple,
quand on la combine avec l'art. 778 ? Et d'ailleurs le législateur avait
ici un but spécial pour établir par une disposition expresse cette
conséquence du principe de l'art. 1351 : Il a voulu empêcher une
contestation mal fondée de la part de l'héritier qui, d'abord con-

damné comme tel, aurait prétendu , après avoir renoncé ou accepté
sous bénéfice d'inventaire, que sa position était changée même envers le créancier porteur du jugement. — Mais si un tiers voulait
s'en prévaloir, l'héritier lui répondrait sans réplique : « *Est res inter
alios acta ;* les jugements sont bons pour ceux qui les obtiennent. »


## CHAPITRE III.



Le bénéfice d'inventaire empêche la confusion de l'hérédité avec
le patrimoine de l'héritier, mais dans l'intérêt seulement de ce dernier.
De ce principe découlent les conséquences suivantes :
1° L'héritier bénéficiaire n'est pas personnellement tenu des dettes
et charges de la succession; il n'est pas personnellement débiteur;
c'est l'hérédité qui doit et qui seule est obligée envers les créanciers
et les légataires. L'héritier bénéficiaire ne succède qu'à l'actif et non
au passif; quoique propriétaire des biens de la succession , il n'en
supporte pas les dettes et les charges sur son propre patrimoine, mais
il est simplement soumis à la maxime : *Bona non intelliguntur nisi
deducto ære alieno.* En d'autres termes, il n'est pas tenu *ultra vires
hereditarias ,* mais seulement jusqu'à concurrence de la valeur des
biens qu'il a recueillis. Les droits des tiers peuvent, jusqu'à un cer-
tain point, être assimilés à des droits réels grevant les biens de la succession dont l'héritier n'est que tiers détenteur. Aussi les augmen-
tations ou diminutions qui surviennent dans ces biens profitent
ou nuisent aux créanciers; et si l'héritier bénéficiaire paie de ses
propres deniers une dette ou charge de la succession, il jouit de la
subrogation légale (art. 1251 , 4°).
De ce que le bénéfice d'inventaire n'empêche la confusion des patrimoines que dans l'intérêt de l'héritier, il faut conclure que les

créanciers de l'hérédité conservent le droit de demander la sépara-
tion des patrimoines contre les créanciers de l'héritier et de prendre
leurs inscriptions, en vertu des art. 878 et 2111. On oppose l'art. 2146,
al. 2. Mais cet article ne déclare pas nulles les inscriptions prises
par les créanciers d'une succession postérieurement à l'ouverture de
cette succession ; il dit seulement qu'elles ne produiront aucun effet
entre ces créanciers mêmes ; elles peuvent donc leur être utiles à
l'égard des créanciers personnels de l'héritier.

2° Les créances de l'héritier bénéficiaire ne sont pas éteintes par
la confusion ; il conserve tous les droits qu'il avait sur la personne
et les biens du défunt, sans que les tiers puissent lui opposer qu'il
est le représentant de ce dernier ; il jouit même d'un avantage particulier, en ce que la prescription ne court pas contre lui (art. 2258) ;
mais cela ne doit s'entendre que de la portion de sa créance qui est à
la charge de sa part héréditaire. Du reste il peut se faire payer comme
tout autre créancier, en s'adressant à chacun de ses cohéritiers pour
sa part virile (art. 875) ; et pour le reste, il peut se satisfaire de la
même manière et dans le même rang que s'il était étranger à la succession. Quant aux actions qu'il peut avoir à intenter contre l'hérédité, il les dirige contre ses cohéritiers, et, s'il n'y en a pas, ou
qu'elles soient intentées par tous, contre un curateur au bénéfice
d'inventaire, nommé en la même forme que le curateur à la succession vacante (art. 996 C. pr.). De même il peut faire valoir à leurs
rangs les priviléges et hypothèques qui lui compètent sur les biens
de la succession. Et si des immeubles à lui propres avaient été vendus
par le défunt, il pourrait les revendiquer contre les tiers détenteurs,
sans que ceux-ci pussent lui opposer l'exception péremptoire de garantie : *Quem de evictione tenet actio, eundem agentem repellit exceptio,*
sauf leur recours contre la succession.

Mais d'un autre côté, les créances que le défunt avait sur l'héritier bénéficiaire subsistent également, et l'héritier en est tenu comme
tout autre débiteur. S'il est à la fois créancier et débiteur, il peut

donc s'opérer une compensation, à moins que le jour, où l'une des dettes est devenue liquide, il n'ait déjà existé une opposition de la part d'un autre créancier.

Sous tous les autres rapports, et notamment en ce qui concerne les effets actifs de la saisine et les relations respectives des cohéritiers entre eux, l'héritier bénéficiaire doit être assimilé à l'héritier pur et simple. Il faut donc lui appliquer, entre autres, les règles sur le rapport et la réduction des dons et legs excédant la quotité disponible.

## CHAPITRE IV.

### DE L'ADMINISTRATION DE LA SUCCESSION ACCEPTÉE SOUS BÉNÉFICE D'INVENTAIRE.

L'héritier bénéficiaire n'est à considérer, vis-à-vis des créanciers et des légataires, que comme administrateur des biens de la succession ; il est *procurator in rem suam*, car tout ce qui restera après le paiement intégral des dettes et charges de l'hérédité lui appartient en pleine propriété. Il a donc un intérêt majeur à bien gérer : aussi son administration est-elle purement gratuite, il ne peut rien prétendre pour ses peines. Mais d'un autre côté, il n'est responsable que de sa faute grave (art. 804) ; il n'est tenu d'apporter à cette administration que les soins qu'il a coutume de donner à ses propres affaires. Du reste, l'appréciation des fautes qu'il peut commettre est abandonnée à la discrétion des tribunaux.

Pour garantir les personnes intéressées contre le dol et la faute grave de l'héritier bénéficiaire, la loi donne à chacune d'elles le droit d'exiger qu'il fournisse une caution bonne et solvable de la valeur du mobilier compris dans l'inventaire et de la portion du prix des immeubles non déléguée aux créanciers hypothécaires (art. 807 C. c. et 992 C. pr.); en cas de contestations on suit les règles ordinaires sur la réception de caution (art. 993 C. pr.). L'héritier est cependant admis , s'il ne trouve pas de caution, à donner un gage ou nantissement suffisant : *Plus est cautionis in re quam in persona* (art. 2041 C. c.). Faute par lui de satisfaire à cette obligation , les meubles sont vendus et le prix en est déposé , ainsi que la portion non déléguée du prix des immeubles , pour être employé à l'acquit des charges de l'hérédité ; ce dépôt se fait à la caisse des dépôts et consignations (ordonn. du 3 juillet 1816, art. 2, n° 12).

L'héritier bénéficiaire , comme tout administrateur, est tenu de rendre compte de sa gestion aux personnes dans l'intérêt desquelles elle lui est confiée. Ce compte peut être rendu à l'amiable , si tous les intéressés ont la libre disposition de leurs biens ; autrement il faut suivre les formes prescrites par le Code de procédure pour la reddition des comptes (art. 995 C. pr.). L'héritier peut y porter en dépenses tous les déboursés qui ont été nécessités par le décès , la transmission et l'administration de la succession , tels que les frais funéraires , les droits de mutation , les frais de scellés , s'il en a été apposé , d'inventaire et de compte , de même que ceux de procédure que les art. 797 et 799 mettent à la charge de la succession. Il doit rendre son compte aussitôt qu'il en est requis ; cependant il pourrait , selon les circonstances , obtenir un délai de la justice. S'il se laissait constituer en demeure , il pourrait être contraint sur ses propres biens au paiement de toutes les dettes et charges de l'hérédité , comme s'il était héritier pur et simple ( art. 803 al. 2 ).

En thèse générale, l'héritier bénéficiaire est soumis , quant à sa gestion , aux mêmes règles qu'un administrateur ordinaire. Cependant sous quelques-rapports ses pouvoirs sont plus étendus, à raison de l'intérêt personnel qu'il a à bien gérer.

Il reçoit les paiements , interrompt les prescriptions , prend les inscriptions hypothécaires , et fait tous actes de conservation et d'administration. Il intente les actions de la succession, sans avoir besoin de consulter les créanciers et les légataires, et répond pareillement aux demandes formées par des tiers. Cependant les créanciers et les légataires peuvent intervenir dans ces instances pour la conservation de leurs droits; mais ils ne peuvent pas former tierce-opposition aux jugements rendus contre l'héritier , car ils ne devaient pas être appelés en cause, et l'héritier agit pour toutes les parties intéressées.

Les effets mobiliers de la succession peuvent être conservés en nature; mais alors l'héritier répond des détériorations causées par sa négligence. Il peut aussi les vendre, sans autorisation préalable, mais à charge d'observer les règles et formalités prescrites par le Code de procédure, aux titres de la saisie des rentes constituées sur particuliers, des saisies-exécutions et de la vente du mobilier (art. 805 C. c. et 989 C. pr.). Pour le transfert des rentes sur l'État au-dessus de cinquante francs, il doit s'y faire autoriser par justice (avis du conseil d'État du 11 janvier 1808); les rentes inférieures à cinquante francs peuvent être transférées sans aucune formalité (arg. loi du 24 mars 1806).

L'héritier bénéficiaire peut également se faire autoriser à vendre les immeubles dans les formes prescrites par les lois sur la procédure (art. 806 C. c. — art. 987 et 988 C. pr. — Cpr. loi du 2 juin 1841)[1].

Mais il ne peut aliéner ni les meubles ni les immeubles sans observer les formalités prescrites; une pareille vente ne serait pas nulle, mais elle constituerait un acte d'héritier pur et simple, et emporterait déchéance du bénéfice d'inventaire (art. 988 et 989 C. pr.). Il en serait de même de tous les autres actes que l'héritier

[1] Les principales modifications introduites par la loi du 2 juin 1841 consistent, outre qu'il n'y a plus d'adjudication préparatoire , en ce que le tribunal peut , d'après la nouvelle rédaction des art. 987 et 988 du Code de procédure , autoriser directement la vente, en fixant la mise à prix, sans avoir recours à une expertise , et en ce que la surenchère du quart est remplacée par une surenchère du sixième (art. 5).

bénéficiaire ne peut pas faire en sa qualité ; c'est ainsi que, n'ayant pas la libre disposition des biens de la succession , il ne peut compromettre, ni transiger, ni consentir hypothèque, sans devenir héritier pur et simple.

L'administration confiée à l'héritier bénéficiaire n'empêche pas les créanciers de faire tous actes conservatoires ( sauf l'exception de l'art. 2146), et de poursuivre leurs droits , en pratiquant des saisies-arrêts entre les mains des débiteurs de la succession , ou en faisant vendre les biens meubles et immeubles qui la composent. Le fait de l'acceptation sous bénéfice d'inventaire ne saurait les priver des droits qu'ils avaient sur le défunt , et il n'est pas juste de dire , d'une manière absolue, qu'ils soient représentés par l'héritier bénéficiaire. Mais leurs poursuites ne doivent pas entraver les mesures déjà prises par ce dernier pour parvenir à cette vente et à l'acquittement du passif de la succession.

Comment l'héritier bénéficiaire doit-il procéder au paiement des créanciers et des légataires ?

Le prix des immeubles vendus est délégué aux créanciers privilégiés et hypothécaires qui se sont fait connaître par l'inscription de leurs titres au bureau de la conservation des hypothèques, ou par des notifications, s'ils étaient dispensés d'inscription. Il faut remarquer qu'une inscription prise postérieurement à l'ouverture de la succession serait sans effet, les droits des créanciers étant fixés d'une manière invariable par le décès de leur débiteur (art. 2146). Cette distribution se fait suivant le rang des priviléges et des hypothèques (art. 991 C. pr.) ; il n'est besoin d'ouvrir un ordre que lorsqu'il s'élève des contestations.

Si le prix des immeubles excède le montant des créances hypothécaires, cet excédant est réuni au prix de la vente du mobilier, pour être distribué entre les créanciers chirographaires et les légataires.

Quant à cette dernière distribution , il faut distinguer s'il y a des créanciers opposants ou non. Dans le premier cas l'héritier bénéficiaire ne peut payer que dans l'ordre et de la manière réglés par le juge; la distribution doit se faire par contribution, d'après les règles établies aux art. 656 à 672 du Code de procédure (art. 808 C. c. et 990 C. pr.). Toutefois si tous les intéressés étaient d'accord, la distribution pourrait se faire à l'amiable, d'après l'arrangement conclu entre eux.

Le paiement fait arbitrairement par l'héritier bénéficiaire, au mépris d'une opposition, serait un acte d'héritier pur et simple. On objecte qu'aucune disposition de la loi ne prononce cette peine; mais la déchéance du bénéfice d'inventaire n'est pas, à proprement parler, une peine dans ce cas; l'héritier, en faisant un acte qu'il n'a pas le droit de faire en sa qualité d'héritier bénéficiaire, déclare par là même, tacitement, qu'il renonce au bénéfice d'inventaire.

On s'est demandé s'il fallait admettre à la distribution ceux dont les créances ne sont pas encore exigibles? Nous ne saurions douter de l'affirmative; décider le contraire, ce serait indirectement les dépouiller de leurs droits, en leur faisant perdre le gage que l'art. 2093 leur accorde. Cependant, en recevant le paiement de leurs créances avant terme, ils devraient faire raison de l'escompte sur le pied de l'intérêt légal; et l'on pourrait aussi déposer le montant de leurs prétentions à la caisse des dépôts et consignations, pour qu'il produise intérêt au profit de la succession. La même solution doit être adoptée pour les créances conditionnelles; l'héritier bénéficiaire a le choix ou de les acquitter immédiatement, à charge par les créanciers de donner caution pour le rapport des deniers avec les intérêts dans le cas où la condition ne se réaliserait pas, ou d'en déposer le montant jusqu'à l'arrivée de la condition.

S'il n'y a pas d'opposition, l'héritier bénéficiaire peut et doit payer les créanciers et les légataires à mesure qu'ils se présentent, jusqu'à ce que tout l'actif soit épuisé. Il peut de même acquitter ses propres créances sur la succession.

s                                                            4.

Le créancier non opposant, qui ne se présente qu'après l'apurement du compte et le paiement du reliquat, n'a plus aucune action contre l'héritier, ni contre les créanciers satisfaits, encore que son droit soit garanti par un privilége; il a seulement un recours contre les légataires, puisque lui *certat pro damno vitando,* et ces derniers *pro lucro captando,* et d'après la maxime : *Nemo liberalis nisi liberatus.* Ce recours se prescrit par le laps de trois ans, à compter du jour de l'apurement du compte et du paiement du reliquat, ou, si ces deux actes n'ont pas eu lieu en même temps, du jour de celui qui est le dernier en date (art. 809).

Cette disposition a donné lieu à une question fortement controversée : les créanciers non opposants qui se présentent avant l'apurement du compte ont-ils une action contre les créanciers déjà payés? L'art. 809, tel qu'il était proposé par la section de législation, contenait un alinéa ainsi conçu : « *Ceux qui se présentent avant l'apurement peuvent aussi exercer un recours subsidiaire contre les créanciers payés à leur préjudice.* » Cette disposition ne se retrouve plus dans la rédaction définitive, sans qu'on puisse dire la raison qui l'a fait omettre. Les uns prétendent qu'on a voulu rejeter le principe qu'elle contenait, les autres que c'est un simple oubli ; ces derniers se fondent sur ce que dans le dernier alinéa de l'article on a conservé ces mots : *Dans l'un et l'autre cas,* ce que les premiers expliquent par une inattention du législateur. Quoi qu'il en soit, si en l'absence d'une manifestation précise de l'intention du législateur, nous recourons aux principes généraux, nous résoudrons la question négativement, en refusant aux créanciers qui se présentent avant l'apurement du compte toute action contre les autres créanciers, antérieurement soldés. En effet, l'art. 808 veut que les créanciers soient payés dans l'ordre où ils se présentent. De quel droit dès lors le créancier qui ne se présente que tardivement élèverait-il une réclamation contre celui qui, plus diligent que lui, s'est fait payer plus tôt? Ce dernier lui répondrait victorieusement : *« Meum recepi;* tant pis pour vous, si vous

vous êtes si peu pressé : *Jura vigilantibus occurrunt, et in pari causa melior est conditio possidentis.* Tout ce qu'il est permis de déduire *a contrario* de l'art. 809 , c'est que vous avez encore un recours à exercer sur les sommes dont l'héritier est reliquataire et jusqu'à concurrence desquelles il peut même, après l'apurement du compte, être contraint sur ses biens personnels » (art. 803, al. 2). En vain dirait-on que ce système favorise la fraude ou la collusion entre l'héritier et quelques créanciers avec lesquels il peut s'entendre : Il y a un moyen bien simple d'empêcher cet inconvénient, c'est de former opposition entre les mains de l'héritier; et du reste, si le dol était prouvé, il y aurait un recours contre ceux qui s'en seraient rendus coupables, car le dol fait exception à toutes les règles. Aussi notre opinion, vivement combattue par MM. Chabot et Toullier, et professée par M. Delvincourt et M. Duranton, a-t-elle été consacrée par la Cour de cassation (arrêt de cassation du 4 avril 1832) ; et la Cour royale d'Orléans s'est prononcée dans le même sens (15 novembre 1832).

L'héritier bénéficiaire peut se décharger de toutes ses obligations, en abandonnant tous les biens de la succession aux créanciers et aux légataires (art. 802, 1°). L'abandon fait à quelques-uns seulement des créanciers et des légataires serait une disposition faite à leur profit et emporterait donc déchéance du bénéfice d'inventaire. Cet abandon, d'ailleurs, n'est pas une renonciation à la succession, mais une simple cession de biens : *Semel heres, semper heres.* Aussi l'héritier bénéficiaire reste-t-il tenu de rapporter à ses cohéritiers ce qu'il a reçu du vivant de leur auteur commun, et si après l'acquittement de toutes les dettes et charges il reste un reliquat, il lui appartient en toute propriété, à titre de succession. L'abandon se fait par un acte signifié aux créanciers et aux légataires, ou passé avec eux, et non pas, comme la renonciation, par une déclaration au greffe. Les créanciers et les légataires peuvent faire nommer un curateur aux biens abandonnés, pour poursuivre leurs droits contre lui. Les biens doivent être vendus dans les formes prescrites à l'héritier bénéficiaire lui-même (arg. art. 904 C. pr.).

# SECONDE PARTIE.

## DES SUCCESSIONS VACANTES.

Une succession est vacante, quand, après l'expiration des délais pour faire inventaire et délibérer, il ne se présente personne pour la recueillir, soit qu'il n'y ait pas d'héritiers ou successeurs connus, soit que les héritiers ou successeurs connus aient tous renoncé (art. 811).

Il ne faut pas confondre les successions vacantes avec celles qui sont en déshérence : une succession est en déshérence, lorsqu'à défaut de tous autres successeurs elle est recueillie par l'État; il faut donc qu'il soit constaté qu'il n'y a pas d'autres successeurs; tandis qu'il suffit, pour qu'une succession soit vacante, qu'il ne s'en présente pas, ou en d'autres termes, qu'il n'y en ait pas de connus.

Trois conditions sont donc exigées pour qu'une succession soit vacante : 1° que les délais de l'art. 795 soient expirés; 2° qu'il n'y ait pas d'héritiers connus ou que les héritiers connus aient renoncé; et 3° qu'il ne se présente aucun successeur irrégulier, ni légataire universel, ni donataire de biens à venir ou présents et à venir, pour recueillir la succession.

Si les héritiers d'un degré avaient renoncé, la succession ne serait pas pour cela nécessairement vacante, car il peut y avoir encore d'autres héritiers connus, qui seront censés saisis du jour du décès; il y aurait donc alors des héritiers connus, n'ayant pas renoncé, et dès lors on ne se trouve pas dans l'hypothèse prévue par l'art. 811. Il suit de là que les tiers devraient, pour poursuivre leurs droits, s'adresser successivement à tous les degrés d'héritiers connus, sous peine de nullité. Cet inconvénient a été beaucoup exagéré par les partisans du système contraire, trop imbus sans doute des principes de l'ancienne jurisprudence; c'est même le principal et l'on peut dire l'unique argument de ce système. Mais un simple inconvénient de fait peut-il prévaloir sur un texte aussi formel que l'art. 811, quand on le combine surtout avec les art. 724 et 785? Et d'ailleurs le mal n'est pas aussi grand qu'on le représente, car d'abord l'hypothèse où il peut avoir lieu ne se présentera guère fréquemment; il est même rare que les parents d'un degré très-éloigné soient connus des tiers; et le fussent-ils, il serait facile aux tiers de savoir d'eux, à l'amiable, s'ils entendent accepter ou répudier une succession à laquelle des héritiers plus proches auront renoncé, non sans un mûr examen. D'ailleurs on peut toujours dire aux tiers: *dura lex, sed lex.*

Quand toutes les circonstances de l'art. 811 se rencontrent, chaque intéressé peut présenter requête au tribunal de première instance du lieu où la succession s'est ouverte, pour faire nommer un curateur aux biens vacants; et comme cette nomination importe non-seulement aux créanciers, mais encore à l'État, pour le cas où il acceptera la succession, elle doit même être provoquée d'office par le procureur du Roi (art. 812). En cas de concurrence entre deux ou plusieurs curateurs, le premier nommé est préféré, sans qu'il soit besoin de jugement (art. 999 C. pr.).

Le curateur doit avant tout faire un inventaire, s'il n'en existe déjà un (art. 813 C. c. et 1000 C. pr.). Il administre d'après les mêmes règles et dans les mêmes limites que l'héritier bénéficiaire. Ainsi il intente les actions de la succession et répond à celles des tiers; il ne peut compromettre ni transiger; il est tenu, sous peine de nullité, d'observer pour la vente des biens meubles et immeubles les formes prescrites à l'héritier bénéficiaire; et, comme ce dernier, il doit rendre compte de sa gestion (art. 814 C. c., 1001 et 1002 C. pr.). Cependant il y a entre ces deux administrateurs les différences suivantes:

1° La vente des meubles, facultative pour l'héritier bénéficiaire, est obligatoire pour le curateur à succession vacante ( art. 1000 C. pr. ). Aussi ce dernier ne peut-il pas être forcé à donner caution.

2° Le curateur, n'étant pas personnellement intéressé dans sa gestion, est, en ce qui concerne les fautes qu'il peut commettre, soumis à une responsabilité plus rigoureuse que l'héritier bénéficiaire, à moins qu'il n'administre gratuitement ( art. 1992 ).

3° L'héritier bénéficiaire ne doit rendre compte qu'aux créanciers et aux légataires; le curateur le doit encore aux héritiers ou successeurs irréguliers qui peuvent se présenter pour recueillir la succession; mais ces derniers sont obligés de prendre l'hérédité dans l'état où ils la trouvent, sans pouvoir attaquer les actes valablement faits par le curateur ( art. 790 ).

4° Le curateur ne peut recevoir aucun paiement. Il doit faire verser le numéraire qui se trouve dans la succession, ainsi que les sommes à elle dues ou provenant du prix des meubles et des immeubles vendus, dans la caisse des dépôts et consignations; d'après l'art. 813 du Code civil ce versement devait se faire dans la caisse de la régie des domaines et de l'enregistrement; mais un avis du conseil d'État, approuvé le 13 octobre 1809, y substitua la caisse d'amortissement, et l'ordonnance du 3 juillet 1816, art. 2, n° 13, autorisa exclusivement la caisse des dépôts et consignations à recevoir les deniers des successions vacantes. Cependant l'adjudicataire des biens vendus n'est tenu d'y verser que l'excédant du prix non employé en frais légitimement faits dans l'administration de la succession, ou en collocations de créanciers hypothécaires ( circulaire ministérielle du 12 messidor an XII ).

5° Le curateur ne peut pareillement acquitter aucune dépense; c'est le directeur de la caisse des dépôts et consignations qui fait les paiements, jusqu'à concurrence des recettes effectives, sur les ordonnances du tribunal, et à charge de rendre compte à qui de droit. Il peut acquitter les frais de scellés, d'inventaire et de vente sur simples mémoires quittancés des parties prenantes, certifiés par le

curateur et odonnancés par le juge de paix, sauf à régulariser en-
suite ces dépenses par une ordonnance générale du tribunal (In-
structions du directeur de la régie des domaines et de l'enregistrement des 24 germinal an XII, 6 pluviôse an XIII, et 6 mars 1806).

# DROIT ADMINISTRATIF.

## DE LA JURIDICTION DU CONSEIL D'ÉTAT EN PREMIER ET DERNIER RESSORT A LA FOIS.

### GÉNÉRALITÉS SUR LE CONSEIL D'ÉTAT.

L'existence du conseil d'État remonte aux temps les plus anciens de la monarchie : les Rois faisaient des actes législatifs et rendaient justice dans leur conseil privé. De là naquirent les parlements sédentaires, comme justice déléguée ; mais à côté de ces juridictions, le Roi avait conservé la connaissance de certaines affaires, soit judiciaires, soit administratives, qu'il décidait en son conseil.

Englouti par la révolution de 1789, le conseil d'État revécut sous la constitution de l'an VIII, comme moyen de législation, d'organisation gouvernementale et de juridiction ; le règlement du 5 nivôse an VIII lui attribua l'interprétation officielle des lois.

Sous l'empire, son organisation intérieure fut réglée d'une manière plus précise ; et pour augmenter l'autorité de ce corps, et s'attirer sa faveur, Napoléon créa des conseillers d'État à vie (sénatus-consulte du 28 floréal an XII). Sous la direction de l'Empereur qui le présidait souvent lui-même, le conseil d'État exerçait des fonctions de conseil, de justice, de police et de législation ; il était devenu l'âme de l'administration et la source des lois. « *L'histoire du gou-*

*vernement intérieur de la France impériale*, dit M. de Cormenin , *se résume dans le conseil d'État.* »

Mais la restauration le fit déchoir de sa grandeur. De corps législatif, il fut réduit au rôle modeste de donneur d'avis , et même ses attributions politiques durent être restreintes en présence du principe de la responsabilité ministérielle ; on alla jusqu'à priver ses membres de l'inamovibilité, tout en lui conservant le caractère de juridiction administrative. Il ne fut jamais présidé par le Roi en personne , si ce n'est à la séance d'ouverture. Différentes ordonnances en réglèrent l'organisation et les attributions ; la dernière est celle du 20 septembre 1839.

Dans l'état actuel de la législation, le conseil d'État , outre qu'il est le conseil des ministres, occupe le rang d'une haute cour administrative ; mais il est toujours une justice retenue ; c'est donc la signature du Roi et le contre-seing ministériel qui seuls donnent autorité à ses décisions.

DE LA JURIDICTION DU CONSEIL D'ÉTAT EN PREMIER ET DERNIER
RESSORT A LA FOIS.

Les mesures d'intérêt général sont souvent en opposition avec des intérêts privés ; c'est alors à l'administration que les particuliers doivent s'adresser pour obtenir le redressement des actes dont ils souffrent préjudice. Mais il peut arriver aussi que ce soient des droits acquis qui s'en trouvent lésés , et dans ce cas il faut une décision judiciaire. Mais à qui attribuer la connaissance de ces contestations ? On ne pouvait pas l'abandonner au pouvoir judiciaire ; c'eût été lui permettre un contrôle indirect sur les actes d'administration et de gouvernement , lui subordonner en quelque sorte les autorités administratives. Il a donc fallu établir une juridiction spéciale pour ces sortes d'affaires. De là les attributions judiciaires des conseils de préfecture et du conseil d'État. Tribunaux exceptionnels , ils ne connaissent que des affaires que la loi leur attribue expressément.

Les conseils de préfecture sont juges de première instance ; le conseil d'État est à la fois Cour de cassation et Cour d'appel : comme Cour de cassation il connaît des recours contre les décisions rendues au contentieux administratif, pour incompétence, excès de pouvoir et violation des formes ou de la loi. Comme Cour d'appel il prononce en dernier ressort sur le fond des affaires décidées en première instance par les conseils de préfecture ou les juges administratifs extraordinaires.

Mais en outre il y a certaines affaires sur lesquelles le conseil d'État prononce en premier et dernier ressort.

C'est ainsi que les questions de prises maritimes, d'abord attribuées aux conseils des prises, ressortissent aujourd'hui directement au conseil d'État (ordonnance du 23 août 1815, art. 13 ; ord. du 9 septembre 1831) ; c'est ainsi encore que ce conseil est seul appelé à vider les conflits d'attribution ; mais ses décisions en cette matière sont plutôt des actes de haute administration que de véritables jugements ; c'est de la même manière qu'il connaît des questions de compétence qui s'élèvent entre les autorités administratives au contentieux. Il prononce aussi en premier et dernier ressort sur les contestations entre la banque de France et les membres de son conseil général, ses agents ou employés (loi du 22 avril 1806, art. 21).

On peut également ranger dans cette classe d'affaires les contestations sur les actes des fonctionnaires administratifs que leur rang et leur position placent au-dessus des conseils de préfecture. Le conseil d'État connaît donc en premier et dernier ressort des recours dirigés au contentieux contre les décrets et ordonnances royales susceptibles d'opposition ou d'interprétation ; contre les décisions prises par les gouvernements intermédiaires et par l'ancien conseil d'État, dans les cas où elles sont sujettes à opposition et tierce-opposition ou interprétation. C'est encore devant le conseil d'État qu'il faut porter les contestations ou demandes relatives aux marchés passés avec les ministres, avec l'intendant de la liste civile, ou en leur nom, soit aux travaux et fournitures faites pour le service de leurs départements respectifs, mais seulement pour les services déjà faits ; les contestations sur les services à faire sont de la compétence des ministres, sauf appel au conseil d'État (décret du 11 juin 1806, art. 14, n° 2). Sont encore attribués au conseil d'État les oppositions formées par les propriétaires aux alignements arrêtés en ce conseil (loi du 16 septembre 1807, art. 52) ; les demandes en nullité de vente ou échange de biens compris dans des majorats (décret du 1er mars 1808, art. 66) ; et les questions contentieuses relatives aux établissements de moulins et usines, aux desséchements, aux canaux, aux partages de biens communaux et à la concession de mines ; ces dernières peuvent cependant être portées également devant les ministres (décret du 18 novembre 1810, art. 46, al. 8 ; ord. du 23 août 1815, art. 11 et 12). Enfin, le conseil d'État est juge des plaintes des particuliers qui se prétendent lésés dans leurs droits par des actes des ministres.

Toutes ces affaires doivent être portées devant le comité du contentieux. Le mode de procéder est réglé par l'ordonnance du 22 juillet 1806. La demande est introduite par requête signée d'un avocat au conseil, et contenant l'exposé sommaire des faits et des moyens, les conclusions, les noms et demeures des parties, et l'énonciation des pièces dont on entend se servir et qui doivent y être jointes (art. 1er). Le délai accordé au défendeur pour répondre varie suivant la distance du lieu de sa demeure (art. 4). Le demandeur peut, dans la quinzaine après les défenses fournies, donner une seconde requête, et le défendeur répondre dans la quinzaine suivante (art. 6). Les demandes incidentes sont formées par des requêtes sommaires, déposées au secrétariat du conseil (art. 18). Le comité du contentieux rédige le projet d'ordonnance et le porte en séance contentieuse au conseil d'État qui statue, après avoir entendu le rapport d'un maître des requêtes ou auditeur, les explications orales des avocats et l'avis du commissaire du roi. Ses décisions contiennent les noms et les qualités des parties, leurs conclusions et le vu des pièces prin-

cipales (art. 27) ; les décisions rendues par défaut sont susceptibles
d'opposition (art. 29) ; mais il est défendu aux avocats au conseil ,
sous peine d'amende , et même , en cas de récidive , sous peine de
suspension ou de destitution , de présenter requête en recours contre
une décision contradictoire , si ce n'est en deux cas , savoir : si elle
a été rendue sur pièces fausses , ou si la partie a été condamnée faute
de représenter une pièce décisive qui était retenue par son adversaire
(art. 32). La tierce-opposition est également admise (art. 37) , mais
non le recours en cassation.

Les débats sont publics , et l'ordonnance qui constitue le jugement
est lue en séance publique. Mais elle ne tire sa force que de la signature du Roi. Véritable jugement au fond , elle emporte hypothèque
et peut prononcer la contrainte par corps ; mais l'exécution en appartient aux tribunaux ordinaires.

FIN.

www.ingramcontent.com/pod-product-compliance
Ingram Content Group UK Ltd.
Pitfield, Milton Keynes, MK11 3LW, UK
UKHW021149140726
13695UKWH00005B/2035